Lb 41/155
B

SUPPLÉMENT
A LA CORESPONDANCE
DU MINISTRE CLAVIERE
ET
DU GÉNÉRAL MONTESQUIOU,

Servant de réponse au libelle du Général contre le Ministre.

JE demande pardon au public de lui parler encore du libelle Montesquiou; je sai qu'un Ministre a bien d'autres devoirs à remplir, qu'à repousser des injures, & que sa meilleure justification, c'est le travail après le travail; c'est de s'occuper sans relâche des intérêts de la République, & très-rarement de lui-même. Mes amis ont exigé la première publication; j'ai retrouvé les lettres égarées auxquelles j'attachois le plus d'importance; il est impossible de ne pas les faire connoître, quoique Montesquiou soit déjà jugé.

Le Général Montesquiou à Claviere, Ministre des Contributions Publiques.

(N°. 21.)   De Landecy, près Genève, le 27 Octobre 1792.

JE ne comprends pas, mon cher Clavière, comment vous avez pu conclure de ma lettre du 18, à M. Le Brun, que j'étois tenté de céder à la proposition de garder une partie des Suisses à Genève. On y tenoit alors, au point que je crus nécessaire

A

de savoir si je pouvois avoir à cet égard la moindre condescendance ; car pour mon compte dans les conférences, je n'ai jamais consenti qu'à un Suisse à chaque porte, & cette plaisanterie étoit mon refrein chaque fois que l'on y revenoit. J'espère que vous n'aurez pas été mécontent de la convention. Elle a été acceptée par le Conseil Général, à le majorité de 1578, contre 17. Exemple unique dans vos fastes. Si elle ne l'étoit pas à Paris, j'en serois étrangement surpris, car il me semble qu'elle ne laisse rien à regretter, qu'à ceux qui avoient envie de piller Genève. Nous ne laissons pas d'avoir ici de ces gens-là, mais je n'ai aucun envie de leur plaire (1). Vous pouvez, au reste, être bien sûr *que personne n'a exercé d'influence sur moi*, & que mes seuls conseillers ont été la justice & la raison, ou du moins ce que je prends pour elles.

Par quel hasard ne me parlevez-vous plus de votre projet d'emprunt ? Je vous ai fait des objections ; mais il y en a plusieurs auxquelles vous devez avoir la réponse, telles que les sûretés à donner, les formes à proposer, &c. Il faut du moins que je sache si vous avez changé de dessein, ou seulement de moyen d'exécution.

Je ne sais pas sur quoi les Genevois dont vous me parlez, fondent leurs plaintes de l'abandon où ils se trouveront quand j'aurai quitté Genève. Excepté quelques vagabons fort mauvais sujets, répandus à Carrouge & aux environs, je n'ai vu aucun Genevois des deux partis, qui ne fût très-content : ceux du vos amis que j'ai vus, m'ont tenu le même langage ; & en effet, de quoi s'agissoit-il ? de renvoyer les Suisses ? les voilà renvoyés. Le reste est l'ouvrage du tems, du courage & de la volonté des Citoyens, & à la vérité je ne crois pas que dans ce nombre, on doive compter les lâches qui se sont sauvés, dès qu'ils ont eu peur de n'être pas les plus forts. J'ai dit à quelques-uns d'entr'eux, que je ne pouvois pas m'intéresser à ceux qui désertoient la cause qu'ils regardoient comme celle de la Patrie. Ce sont apparemment ces gens-là qui se plaignent, car toujours les plus inertes en action, sont les plus expéditifs

---

(1) Il falloit avoir la volonté de les punir.

en parole. Mais cette horde d'être inutiles ou dangereux, ne mérite ni votre attention, ni la mienne. Il restera toujours des troupes françaises à Carrouge, à Thonnon, à Annecy, à Frangy, à Gex; ainsi l'abandon dont on se dit menacé, est totalement idéal.

Adieu, mon cher Clavière, j'attends avec impatience des nouvelles de l'arrivée de M. St Charles, & de l'accueil que vous aurez fait à ma négociation. Si je n'ai pas réussi à contenter le Conseil, je pourrois lui demander pourquoi il m'a fait négociateur; car assurément je ne l'en ai pas sollicité. Mais pourquoi serois-je inquiet, puisque j'ai fait *tout ce que vous vouliez?* Cependant pour faire taire les clabaudeurs de ce pays-ci, poussés par des agitateurs de chez nous, je désire qu'il soit connu que le Conseil s'applaudit de m'avoir honoré de sa confiance.

Recevez l'assurance de mon inviolable attachement.

Signé, P. MONTESQUIOU.

Je viens de recevoir, en présence de M. Servan, une lettre si extraordinaire de M. Anselme, que j'ai pris le parti de l'envoyer à M. Pache. Je ne sais pas si c'est le Conseil qui a ordonné à M. Anselme d'aller emprunter à Gênes six millions à coups de canon, mais je sais que c'est ce qui s'exécute dans ce moment-ci; & assurément ce n'est pas moi qui le lui ai ordonné. Je vous invite à mettre promptement ordre à ce brigandage fait pour déshonorer le nom français. Je veux bien ne pas partager avec M. Anselme la gloire de la conquête de Nice, quoiqu'il n'en ait reçu l'ordre que de moi; mais dans ce cas-là, il ne faut pas que je sois chargé de la responsabilité des sottises qu'il peut faire.

(N°. 20.)   Paris 27 Octobre 1792,
an 1er de la République.

Clavière, Ministre des Contributions Publiques, à Montesquiou, Général de l'armée des Alpes.

Ils vous ont trompés, mon cher Général ; ils vous ont fait travailler en faveur de l'aristocratie. Il arrive des plaintes. On ne vouloit pas que vous fussiez le Jupiter tonnant, cela n'étoit pas nécessaire ; mais on s'attendoit à ce que vous seriez le Jupiter, pere de tous les hommes, & les amis de nos principes se regardent comme trahis.

Pourquoi ce délai jusqu'au premier Janvier ? Les Suisses ont-ils donc besoin d'un mois & plus, pour faire un saut de puce ? Voici la raison du délai, telle qu'on me l'a mandée. On veut porter la garnison de Genève à mille hommes, & l'on veut garder les Suisses jusqu'à ce que le Conseil des Citoyens & Bourgeois en aient accepté le décret. Or, vous ne savez pas qu'autrefois les Suisses protégeoient à Genève, le supplice des hommes libres ; & qu'en 1743, lorsqu'on voulut appeller des Suisses contre les Espagnols, les hommes libres, qui alors étoient les plus nombreux, menaçerent de ne pas consentir à cet appel, à moins qu'on ne décretât en même-tems, qu'aucune Loi ne seroit portée au Conseil Général, tant que les Suisses seroient dans la ville.

Qu'y font-ils maintenant, dès que nous promettons de respecter le territoire & l'indépendance de Genève ? Quel droit ont-ils d'influer sur la volonté législative des Génevois, auquel nous ne puissions pas opposer un droit pareil ?

Le Conseil exécutif de la République Française vous demande donc, mon cher Général, que la liberté du Conseil souverain de Genève, ne puisse point être influencée par la présence des Suisses; & qu'en conséquence, ils évacuent Genève dans le cas où il y auroit lieu à assembler le Conseil Souverain, ou que ce Conseil ne soit pas assemblé, jusqu'à ce qu'ils ayent évacué la Ville. S'ils veulent partir avant le premier Décembre, ils en feront les maîtres.

Le Conseil exécutif n'a pas pû approuver la stipulation du renvoi de l'artillerie de siége en France. Ce renvoi va sans dire, si vous n'en avez nul besoin ailleurs, que pour Genève, & les Genevois doivent croire à nos déclarations.

Il en est de même du reculement des troupes françaises à dix lieues du territoire Genevois.

Je suis, je vous l'avoue, étonné de votre facilité à consentir à de telles conditions. Si les foibles veulent se faire un rempart de la magnanimité des forts, ils faut au moins qu'ils ayent l'air de croire à cette magnanimité; & s'ils ne veulent pas s'y fier, que leur importe un éloignement de dix lieues? Il nous importe à nous qu'on ne nous donne pas des nazardes.

Je ne crois pas les Genevois assez mal avisés, pour résister à des observations qui, en Conseil, ont été unanimes. Votre préambule a été très-approuvé, mais les articles ont paru une condescendance intempestive.

Les Magnifiques Seigneurs, au reste, se moquent de la vérité, en appellant *franche & loyale*, la neutralité armée à laquelle ils s'étoient joints. Je leur conseille la radiation de cette phrase, qui ne paroîtra qu'une insigne hypocrisie. Je ne sais si l'on vous en envoye les preuves; à toute bonne fin, en voici une, trouvée dans le porte-feuille de *Monsieur*; & quand vous connoîtrez la constitution fédérative des Suisses, vous saurez que Berne peut, quoi qu'ait pu dire la Diète à ses propositions, entraîner tous les Cantons dans un mouvement guerrier, en dépit de leurs répugnances.

Ce sont les localités, l'intérêt des Cantons à défendre Berne, & la puissance des Bernois, qui, en cas de guerre, décident tous le pays. Ainsi Berne couvoit l'intention de se mettre du nombre de nos ennemis, dès les premiers succès qu'ils auroient eu; & je vous réponds que les Magnifiques du Conseil secret de Genève, étoient loin de les en détourner.

Il est même remarquable à quel point ils ont sçu conserver ce qu'ils appellent leurs avantages. Nos succès sont si étonnans, si peu attendus dans la plûpart des têtes, parce que la plûpart réfléchissent peu, que les aristocrates ne renoncent pas même, à la forte d'espoir que conserve encore, celui qu'on va pendre; & c'est pour cela qu'ils vous ont demandé de vous éloigner de dix lieues, tandis qu'ils n'ont rien exigé de semblable des Suisses. Ils peuvent rester sur le premier tertre où se trouvera un poteau Bernois, à quelques portées de canon de la petite République, & attendre-là que la fortune, qui va sur l'air *ça ira*, change son branle.

Ils vous ont trompé, mon cher Général, rien n'est plus évident; & certes, si vous voulez conserver du crédit dans la République Française; rappellez-vous, relisez, je vous en conjure, le commencement d'une de mes lettres; & défiez-vous & du doucereux ***, & de l'aristocrate *** & du fourbe ***. Votre affaire est simple: elle se réduit à un dilemme. Ou ils ont appellé les Suisses, parce qu'ils ont craint une invasion de la part de la République Française, ou ils les ont appellés par des considérations plus étendues. Si leurs idées s'arrêtent à la première crainte, ils doivent être rassurés; si leurs spéculations vont plus loin, nous devons les connoître.

Je ne vous en dis pas davantage; je vous suis attaché, parce que j'aime les hommes qui savent exprimer comme vous ce qu'il faut dire. Mais si vous ne vous mettez pas à l'ordre du jour, tous vos talens seront perdus, & votre existence ne sera semée que de désagrémens. Vous manquerez à la raison même; car elle enseigne sur les conjonctures présentes, que l'intérêt de l'humanité demande le triomphe universel de la République Française & de ses principes. C'est serrer le vent au plus près de la paix. En suivant une route opposée, je ne vois qu'anarchie, carnage & mal entendu, jusqu'à ce que l'Europe entière ne soit plus qu'un désert.

Je ne vous parle pas de finances, je n'en ai pas le loisir. Je ne vous parle pas non plus de votre lettre que je viens de recevoir, sur la commission qu'on vous donne à l'égard de la Suisse. Elle est belle & grande, cette commission; je vous en écrirai incessamment; mais vous ne pouvez la remplir, qu'après avoir terminé l'affaire de Genève.

Bon soir, mon Général; aimez-moi pour ma franchise, & croyez que personne ne vous donnera des conseils mieux assortis que les miens, à votre gloire & à l'honneur de votre patrie.

P. S. On annonce une lettre de Genève, trouvée dans le papiers de *Monsieur*. Vous pouvez d'avance juger de son contenu. Brissot m'en apporte une de ✱ ✱ ✱ ; éloignez cet homme d'auprès de vous ; c'est un serpent ou un sot. On m'a aussi apporté de nouvelles plaintes contre vous ; les Patriotes disent que vous n'avez voulu écouter que les aristocrates. Mon cher Général, *songez donc que ces imbéciles, malgré toute leur belle apparence, ne valent pas qu'un esprit éclairé s'occupe d'eux, si ce n'est pour les humilier* (1).

Montesquiou, Général de l'armée des Alpes, à Clavière, Ministre des Contributions. (2)

(N.º 21.)   A Landecy, près Genève, le 31 octobre 1792, l'an premier de la République Française

IL faut, mon chèr Clavière, que vous ayez de bien faux rapports de ce qui s'est passé ici, pour que vous me croyez trompé & influencé par qui que ce soit. Je n'ai jamais vu un seul de MM. ✱ ✱ ✱ ✱, qu'en présence du Résident de France, de son Secrétaire de légation, & de M. Saint-Charles. J'ai soutenu, avec une fermeté constante, la dignité de la mission que j'avois reçue; & je ne conçois pas, je vous l'avoue, la difficulté que vous apportez à la ratification. Permettez-moi de passer en revue les objections que vous me faites.

Pourquoi, dites-vous, ce délai jusqu'au 1.er décembre? 1.º Parce que l'exécution n'étant exigible qu'après la ratification, & la ratification pouvant ne pas arriver par le retour du même courrier, il falloit nécessairement prendre un terme qui, bien que prochain, ne le fût pas assez, pour que quelques jours du vent du nord, pussent faire supposer une infraction aux engagemens. 2.º Parce que la seule chose

---

(1) C'est cette phrase, qui sans doute, n'est pas obligeante, que Montesquiou rapporte comme si j'eusse voulu parler de tous les Genevois.

(2) On conviendra que dans cette lettre, la dernière que j'aie reçue de Montesquiou, devoit éclater toute son indignation contre moi: mais on ne lui avoit pas encore conseillé d'achever de me perdre

qui m'ait paru importante, c'est la sortie des Suisses, la sortie entière, & que quinze jours de plus ou de moins m'ont paru parfaitement indifférens. 3.° Parce que, voyant le conseil dans l'intention expresse de se réconcilier avec les Suisses, j'ai pensé que ce qui avoit l'air d'égards pour eux, ne pouvoit qu'être favorable au succès de la négociation, & qu'un terme, moins précipité accordé à cette sortie, faisoit disparoître le mot peu civil d'expulsion, prononcé dans vos notes précédentes.

Vous me dites que l'on veut profiter du séjour des Suisses, pour faire augmenter la garnison de Genève : & en cela on vous trompe. Car le Conseil-Général a précédemment décidé, avant l'entrée des Suisses, que pendant qu'ils y seroient, aucune loi permanente ne pouvoit être proposée. M. le Résident de France en a rendu compte au mois de septembre à M. le Brun, & sans doute il ne se l'est pas rappelé. Mais si cela n'étoit pas fait, si les Génevois ne s'étoient pas liés eux-mêmes, & qu'ils voulussent effectivement faire une augmentation à leur propre garnison, après le décret du 14 octobre, quel droit avez-vous de vous y opposer ? (1) La France ayant retiré sa garantie, peut-elle se mêler des actes de législation intérieure de Genève ? Il faut être conséquent, & sur-tout être franc. Si la France ne veut pas se contenter de laisser agir l'esprit public, & l'influence assurée du voisinage français; si l'impatience est telle, qu'on veuille faire en quinze jours, par des moyens violens, ce qui s'effectuera tout seul en trois ou quatre mois de temps, il faut oser le dire, & déclarer à Genève, que nous voulons changer sa constitution. Mais vous ne le pouvez pas décemment, au lieu que vous pouvez très-bien calculer à trois mois près, la durée de l'aristocratie actuelle; & si vous étouffez, par une réconciliation réelle, l'influence de Berne, vous pouvez faire d'avance l'épitaphe des magnifiques, sans encourir aucun reproche : car en supposant même l'augmentation de la garnison, que peuvent faire deux cent quatre-vingt hommes de plus ou de moins, de soldats qui, habitant Genève, ne seront pas long-temps de bons soldats ?

Vous me dites que le Conseil-Exécutif n'a pu approuver

---
(1) Le même droit que les Suisses d'influer en sens contraire.

le renvoi de l'artillerie de siége en France, & que ce renvoi va fans dire, fi je n'en ai pas befoin ailleurs que pour Genève.

J'avoue qu'ici je ne vous comprends pas. Vous approuvez mon préambule ; vous voilà donc engagé à approuver ce qui en dérive néceffairement. Or, dès que j'ai dit que la France dédaigne l'autorité de la puiffance contre la foibleffe, j'ai du, dans la ftipulation, traiter de peuple à peuple, fans égard aux proportions de forces. Ainfi lorfqu'à ma demande, l'un dit, je renvoye les Suiffes qui vous déplaifent, l'autre doit dire, je renvoye les canons & les troupes qui vous menacent. Il y a plus, & ceci eft du reffort du Miniftre de la Guerre, à qui il eft aifé de s'affurer du fait. Jamais aucun équipage de fiége n'a été préparé pour cette armée ; & je n'ai d'autres chevaux, pour traîner des mortiers & des pièces de fiége, que ceux qui font attelés à mon artillerie de campagne. Il faut donc que quand j'attèle l'une, que l'autre refte détélée : ainfi le renvoi eft forcé, par le fait, le plutôt poffible, afin de n'être pas dans la néceffité de laiffer en arrière, ou l'une ou l'autre. Cela étant, pourquoi ne fe pas faire un mérite de ce qui n'eft que loyal, & de ce qui effectivement eft forcé ? J'efpère que nous ne faifons pas de ce mot juftice, une acception différente. Je confeffe que je n'en connois pas deux. Ce qui feroit jufte avec l'Impératrice de Ruffie ou avec le Parlement d'Angleterre, me paroît l'être avec le Confeil de Genève. La retraite des troupes me femble donc dans le même cas que celle de la groffe artillerie. Quand on nous a cédé ce que nous voulons, pourquoi voudrions-nous tenir encore le piftolet fur la gorge ? Genève doit avoir peur, tant que nous ferons-là ; & nous n'avons plus de motifs pour lui faire peur. Quant à la diftance de dix lieues, je vois que vous l'avez mal comprife ; elle ne porte que fur le corps d'armée : car il refte des troupes à Carrouge, à Thonon, à Evian, à Verfoix, à Gex : & fi les gros cantonnemens ne commencent qu'à Annecy & à Rumilly, c'eft qu'il n'y a pas de lieu plus près qui foit en état de contenir des troupes. Vous voyez que les chofes, réduites au fimple, ne vous auroient pas préfenté les mêmes difficultés. M. le Brun me femble défirer une autre rédaction; je vais la propofer, & ce n'eft pas celle-là qui me paroît devoir faire une grande difficulté.

Ce qui en peut faire une infoluble, c'eft le retranchement de la réferve des traités. Celle-là eft de forme dans tous les traités du monde, & c'eft Genève feule qui fait la réferve en queftion. Je vais entamer la négociation fur cet article; mais je l'entame fans efpoir de fuccès. Rien ne les engagera à ne pas réferver leurs traités de 1579 & de 1584. Quant à l'article 5 du traité de 1782, c'eft le même qu'a réfervé la Convention Nationale. Si vous ne vous défiftez pas de cette radiation, je regarde la Convention comme rompue, & *dès-lors la guerre comme fûre avec les Suiffes* (1). Jugez fi cela vaut la peine de facrifier de fi grands intérêts.

Je vois bien que vous ne vous fiez pas aux Suiffes, & que leurs mauvaifes intentions vous paroiffent prouvées par la pièce que vous m'avez envoyée. Mais, remarquez donc que cette pièce eft du 20 feptembre, avant aucun de nos fuccès, & fur-tout avant le changement de fyftême de la Pruffe; remarquez qu'elle vient d'un homme qui vouloit faire fa cour à fon maître (2). Vous fentez aifément que le fyftême a fort bien pu changer à Berne depuis ce temps-là, & vous n'avez pas oublié, j'efpère, qu'un réfultat du Confeil du 19, me charge de faire aux Cantons des notifications très-amicales; notifications que j'ai déja faites, d'après les ordres que j'ai reçus, & qu'il eft impoffible de retirer. L'accommodement de Genève, cette manière loyale de traiter, la confiance qui en eft la fuite; voilà, ce me femble, les meilleurs préliminaires d'une réconciliation, que, fuivant les dépêches du 20, vous défiriez beaucoup, & dont vous avez l'air de ne plus vous foucier le 26. Accordez-moi donc de me mettre dans le cas de favoir fur quoi compter. On perd

---

(1) Rien de ce que Montefquiou vouloit ne s'eft fait, & cependant nous fommes en paix avec les Suiffes, c'eft que la paix leur convient autant qu'à nous.

(2) Il y avoit donc lieu à fe défier des Bernois. Celui d'entr'eux qui vouloit faire la cour à SON MAISTRE, avoit un grand crédit. Qu'eft-ce qui a changé les difpofitions? Nos victoires. Je crois en effet que nous n'aurons jamais de meilleurs négociateurs.

tout en affaires, lorsqu'on est forcé de changer de langage & de principes. Dans la négociation que je croyois terminée, dès le premier compte que j'ai rendu à M. le Brun, je lui avois présenté pour bases. 1.º La retraite des Suisses. 2.º La retraite de l'armée. Ai-je stipulé autre chose? & cependant vous ne m'approuvez pas? J'en cherche la raison, & je crois la trouver dans votre lettre.

On vous a écrit de Genève, ou de ses environs, que je m'étois fié au *doucereux* ***, à l'*aristocrate* ***, & au *fourbe* ***. Je ne leur conteste aucune qualité; mais je ne les ai jamais vu qu'en conférence, & je vous assure qu'ils n'ont pas pris un seul avantage sur moi dans la discussion.

On vous a écrit que je n'avois vu que les aristocrates, & pas un patriote. Je vous réponds que j'ai vu tous ceux qui ont voulu me voir, & que cela s'est réduit à M. Mallet, à M. Odier & à M. Dôle, tous vos amis. Quant aux aristocrates, je n'en ai pas vu un seul que M. D***, qui m'a quitté fort mécontent, la seule fois qu'il m'est venu voir.

Il est funeste d'être si mal connu, même de ceux de qui on devroit l'être, & de voir toujours toutes les portes ouvertes à la calomnie, & fermées à la vérité. Vous me dites que je suis perdu, si je ne me mets pas à l'ordre du jour. Je ne sais pas ce que cela veut dire, dans le cas dont il s'agit entre nous. Je suis à l'ordre des instructions qui m'ont été données, je les ai suivies à la lettre. J'ai cru aussi être à l'ordre de la justice & de la raison, qui, pour moi, seront éternellement l'ordre du jour.

Parmi les gens qui vous ont écrit, ou fait écrire, & qui se plaignent de moi, n'y auroit-il pas de ces gens qui avoient couru de tente en tente, pour aiguiser, dans l'esprit des soldats, le désir & l'espoir de piller Genève? Ils avoient monté les têtes, au point que, si l'expédition avoit eu lieu, Genève auroit été mis à feu & à sang, & que les patriotes n'y auroient pas été mieux traités que les aristocrates. *Ce n'est assurément pas-là ce que vous vouliez.* Eh bien! voilà ce que vouloient les prétendus patriotes, & ce qu'aucune puissance n'auroit pu empêcher. Voilà les gens qui disent que je n'ai voulu écouter que les aristocrates, moi qui suis visible depuis six heures du matin à tout le monde, sans distinction, & dont la porte, depuis six mois, n'a pas été refusée au dernier soldat, ni au dernier paysan. La vérité est qu'aucun d'eux n'a cherché à me voir, & qu'à quelques lettres anonymes près, que j'ai reçues des deux partis, je n'ai eu de communication qu'avec les personnes que je vous ai nommées. Quant aux aristocrates, ce n'est pas pour moi qu'ils sont à craindre. Je suis trop connu d'eux, & je les méprise trop, pour qu'il y ait jamais de rapport entre nous.

Pour conclure, mon cher Clavière, je persiste à penser : 1.º Que la Convention, est bonne pour les clauses principales, en ce qu'elle va droit au but, le renvoi des Suisses, & qu'elle porte un caractère de modération honorable pour une grande Puissance. 2.º Que Genève ne consentira pas à la suppression de la réserve de ses traités antérieurs; mais que cette réserve ne lie aucunement la France. 3.º Que la révolution de Genève ne se fera pas moins, & se fera plus doucement après le départ des Suisses, sur-tout si quelque séjour de moi à Genève, quelques fêtes, & par-là une plus grande communication de Français, y répand davantage nos principes & notre influence. 4.º Que cette convention est un préliminaire très-favorable à la négociation dont on a voulu me charger avec les Suisses. Je vous conjure donc de l'examiner encore & de la ratifier.

Je ne vais pas moins m'occuper des amendemens que vous y désirez; mais je ne me flatte pas de les obtenir; &, si vous y persistez, nous voilà retombés dans les boues du mois de novembre, dans tous les inconvéniens de notre première position, & dans toutes les perplexités où vous étiez vous-même il y a quinze jours.

Adieu, mon cher Clavière; je souhaite que cette explication vous raffermisse dans la bonne opinion que vous aviez de moi. Si j'avois pu vous porter ce que je vous ai envoyé, l'affaire seroit finie; mais de loin, on ne s'entend pas. *J'aime votre franchise : excusez la mienne, & comptez sur mon attachement.*

www.ingramcontent.com/pod-product-compliance
Lightning Source LLC
Chambersburg PA
CBHW061616040426
42450CB00010B/2515